© 2011 Esslinger Verlag J.F. Schreiber
Anschrift: Postfach 10 03 25, 73703 Esslingen
www.esslinger-verlag.de
ISBN 978-3-480-22674-0

Tobi Tüftel

Erzählt von Barbara Rose
Mit Bildern von Fabian und Christian Jeremies

ess!inger

 Inhalt

 Schätze für Opa

„Tobi, wo bleibst du? Opa wartet", ruft Mama. „Beeil dich!"

„Gleich", schreit Tobi. Aber so schnell geht das nicht mit dem Beeilen. Erst muss Tobi die Schätze einpacken, die er gefunden hat: eine Hundeleine, einen verrosteten Nagel, eine kleine Astgabel und eine Feder. Die Sachen will er Opa mitbringen. Tobis Opa kann alles gebrauchen, denn er ist ein Tüftel-Opa, ein echter Erfinder! Tobi stopft die Schätze in seine Kindergartentasche.

„Was hast du denn da drin?", fragt Mama.

Tobi hält die Tasche fest. „Ist geheim. Für Opa Tüftel."

Mama stöhnt. „Jetzt weiß ich, warum Opa dich immer Tobi Tüftel nennt. Ständig sammelst du Sachen für irgendwelche verrückten Erfindungen." Tobi grinst. Dann gehen sie los.

Donnerstag ist Opa-Tag. An diesem Tag geht Mama arbeiten. Ganz früh am Morgen, wenn der Kindergarten noch zu ist, bringt sie Tobi zu Opa Tüftel. Die Straße runter, an der ersten Ampel rechts, immer geradeaus am Hallenbad vorbei, dann links. Gar nicht weit weg.

Direkt neben dem Hallenbad ist Tobis Kindergarten, die Flohkiste. Manchmal lässt Opa Tobi mittags alleine vom Kindergarten zu seinem Haus laufen. Oder am Morgen in den Kindergarten.

Aber das ist ein Geheimnis. Mama darf das nicht erfahren, sonst kriegt sie einen Herzkasper, behauptet Opa. Tobi weiß zwar nicht, was ein Herzkasper ist, aber er ist froh, dass Opa nicht so ein Angsthase ist wie Mama. Bei seinen Eltern darf Tobi nie etwas alleine machen. Nicht alleine auf den Spielplatz, nicht alleine zum Fußballtraining, noch nicht mal zum Bäcker um die Ecke. Und beim Spazierengehen oder auf dem Weg in den Kindergarten muss Tobi sogar noch an Mamas Hand laufen. Dabei ist er doch schon fünf! Zum Glück weiß Opa, dass Tobi kein Baby mehr ist. Auf dich kann ich mich verlassen, sagt er immer. Das findet Tobi gut. Überhaupt liebt er seinen Opa mindestens so doll wie seine Torwarthandschuhe. Oder noch doller. Und manchmal vergisst er glatt, dass Opa Tüftel Mamas Vater ist. Weil Mama so ordentlich ist. Und Opa kein bisschen.

 Der Schnüffeltest

Opa Tüftels Haus ist klein und windschief. Es liegt am Rand der Stadt. Genau da, wo die Hochhäuser aufhören. Es sieht aus wie ein Zwerg neben lauter Riesen.

„Ich will klingeln", ruft Tobi und drückt auf den Knopf.

„I-Ah, I-Ah, I-Ah" macht die Klingel. Wie ein Esel.

„Die Kuh-Klingel letzte Woche hat mir aber auch gut gefallen", meint Mama.

Opa erfindet jede Woche einen neuen Klingelton. Mal schreit die Türglocke wie ein Baby, mal pfeift sie wie eine Lokomotive. Tobi findet das aufregend. Vorsichtig legt er seine Hand in ein kleines Kästchen neben der Tür.

Das ist Opas Schnüffeltest-Erkennungs-Maschine. Nur für Leute, die er kennt und mag, geht die Tür auf. Und nur dann, wenn sie den Test bestanden haben.

„Hoffentlich sind deine Pfoten gewaschen." Mama lacht. „Sonst stehen wir wieder stundenlang vor der Tür."

Letzten Donnerstag wollte Tobi seinen Teddy mit Papas Rasierwasser einduften. Nur ein kleines bisschen. Teddy roch nämlich etwas merkwürdig, weil er am Tag zuvor auf dem Weg zum Kindergarten in eine Pfütze gefallen war.

Leider war Tobi beim Teddy-Einduften Papas Rasierwasserflasche aus der Hand gerutscht. So ein Mist! Die ganze Brühe schwappte auf den Badezimmerboden. Tobi hatte mächtig zu tun, um das Zeug mit einer ganzen Rolle Küchenpapier aufzuputzen.

Danach hatten seine Hände gerochen wie die Steine in den kleinen Plastikkörbchen im Kindergartenklo. Deshalb hatte Schulze ihn beim Schnüffeltest für einen Fremden gehalten. Die Tür von Opas

Haus blieb zu. Stattdessen wurde Tobi von zwei Wasserpistolen beschossen, die aus einer schmalen Öffnung in der Wand herauslugten. Am Ende war er nass bis auf die Unterhose.

Heute riecht Tobi nur nach Tobi. Neben seiner Handfläche öffnet sich eine Luke. Eine feuchte Nase erscheint, schnuppert kurz an Tobis Hand und verschwindet wieder. Tobi wartet.

Mama wird schon ganz zappelig, weil das so lange dauert.

Aber heute läuft alles glatt. Die Tür geht auf. Wie von selbst. Ein kleiner Roboter steht im Eingang.

„Hal-lo To-bi. Komm he-rein", sagt der Roboter mit scheppern- der Stimme.

„Hallo Nummer 3", begrüßt ihn Mama. Sie drückt dem Roboter Tobis Rucksack in seine Zangenhand und gibt Tobi einen Kuss. „Ich muss gleich los. Schönen Tag, mein Schatz! Gib Opa ein Küsschen von mir!"

Tobi nickt und schaut sich um. „Wo ist Schulze?"

„Bei O-pa. Komm, To-bi. Sie sind in der Werk-statt", knattert Num- mer 3 und rollt knarzend den Flur entlang. Tobi saust hinterher.

Tobis bester Freund

Vor der Tür von Opa Tüftels Erfinderwerkstatt bleiben sie stehen. Nummer 3 muss erst aufschließen. Die Tür ist nämlich immer verschlossen. Zur Sicherheit. Damit keiner die Erfindungen klauen kann. Der Schlüssel ist so schwer, dass Tobi ihn alleine kaum im Schloss umdrehen könnte. Nummer 3 mit seiner Zangenhand aus Stahl hat da kein Problem. Krrk, Krrk, zweimal herumgedreht, Tür offen, fertig.

„Hallo Schulze", ruft Tobi.

Ein großer Hund springt schwanzwedelnd auf ihn zu, wirft sich auf den Boden und bellt vor Freude. Tobi kuschelt sich an ihn ran.

„Mein lieber Schulze, ich habe dich so vermisst."

„Er dich auch", sagt Opa Tüftel und nimmt die Schutzbrille ab, die er immer beim Erfinden trägt.

Genau genommen ist Schulze Tobis Hund, ein Geschenk von Opa. Weil sich Tobi schon seit Langem einen Hund gewünscht hat, aber seine Eltern kein Haustier haben wollen. Und ein so großes schon gar nicht.

„In einem Hochhaus im zweiten Stock kann man keinen Hund haben", sagt Papa immer.

„Ein Hund ist schmutzig und verliert ständig Haare", sagt Mama.

Ein Glück, dass Opa die gute Idee hatte, dass Tobis Hund bei ihm wohnen könnte. Und so hat er Schulze vor einem Jahr von einer alten Frau geholt, die zu ihren Enkeln gezogen ist. An der Tür hing ein Zettel mit der Aufschrift: „Hund: Schulze". Eigentlich hieß das, dass Opa bei Schulze klingen sollte, um den Hund abzuholen. Aber Opa fand gleich, dass der Hund Schulze heißen müsste, weil es so auf dem Zettel stand. Außerdem hatte die alte Dame ihn vorher Bubi genannt, und welcher Hund will schon so heißen? „Schade, dass mich keiner vermisst hat", brummt Opa Tüftel. „Ach, Opa." Tobi knufft ihn in den Arm. „Hier, ich habe dir was mitgebracht."

Er legt seine Kindergartentasche auf Opas Werkbank und fischt
seine Schätze heraus: die Hundeleine, den verrosteten Nagel,
die kleine Astgabel und die Feder.

„Prima Material. Du weißt eben genau, was ein Erfinder braucht,
Tobi Tüftel. Damit baue ich dir bis nächsten
Donnerstag eine … ach, das verrate ich
nicht. Sag mal, hast du schon wieder ein
neues Kroko-T-Shirt?"
Tobi nickt. Ohne Kroko
geht er nie aus dem Haus.
Nur mit Kroko ist
Tobi superstark. Stolz
schiebt er den Bauch
vor, damit Opa sein
T-Shirt bewundern
kann. Darauf grinst
ein Krokodil mit
weit geöffnetem
Maul. „Hat Mama
gemalt."
Opa pfeift anerkennend
durch die Zähne.

Tobi hat mindestens vier Pullover und drei T-Shirts mit Krokodil. Und drei Hosen mit Krokodil-Aufnähern. Das kam so: Als Tobi noch neu im Kindergarten war, hatte ihn ein großer Junge, Fabian, immer geärgert. Tobi hatte nie gewagt, sich zu wehren. Dann hatte Opa ihm den ersten Stark-Mach-Pullover geschenkt. Mit einem großen Krokodil darauf. „So bist du auch, Tobi", hatte er gesagt, „wild und gefährlich!"

Und Opa hatte recht! Plötzlich fühlte sich Tobi stark. Stark genug, um sich von Fabian oder anderen Kindern nicht mehr alles gefallen zu lassen. Seit damals ist Kroko immer dabei.

 Die Maraspuma

Opa reibt sich die Hände. „So, Junge. In der letzten Woche war ich sehr fleißig. Ich habe zwei Sachen erfunden. Die eine darfst du jetzt ansehen, die andere ist geheim."

Er wühlt in einem Schrank, der von oben bis unten mit Krimskrams vollgestopft ist. Ein kaputter Regenschirm, eine Tube Zahnpasta und eine Christbaumkugel fallen heraus. Rums! Schulze springt auf und rennt hinterher. Tobi kichert.

„Na endlich." Opa Tüftel hebt einen roten Teppich aus dem Schrank.

„Weg da, Schulze. Und wag es ja nicht, auf mein gutes Stück zu pieseln!"

„Wofür brauchst du den Teppich?"

„Wart's ab, Junge. Ich führe dir jetzt eine geniale Erfindung vor. Nummer 3, bring mir bitte das Gerät und die Säcke."

Der kleine Roboter flitzt durch den Raum und kommt mit zwei prall gefüllten Säcken und einem Staubsauger zurück. Einem quietschbunten mit einem besonders starken Rohr. An seinem hinteren Ende hat der Sauger fünf Löcher.

Tobi ist enttäuscht. „Ein Staubsauger. Ist doch langweilig!"

„Ein Staubsauger?", wiederholt Opa empört. „Quatsch! Das ist meine Maraspuma."

„Maraspuma?" Tobi verzieht das Gesicht.

„Was soll denn das sein?"

„Wart's ab." Opa Tüftel öffnet den ersten

Sack. Ein Berg Legosteine und bunte

Bauklötzchen fallen krachend heraus.

Aus dem anderen poltern Spiel-

zeugautos, Puppenkleider, Bunt-

stifte und viele andere Dinge.

„Und jetzt?", will Tobi wissen.

„Jetzt saugst du alles ein."

Opa reicht Tobi das Rohr und

schließt die seltsame Maschine an eine Steckdose an.

Scheppernd frisst sich das große bunte Monster durch die Spiel-

zeuge und mampft sie gierig in seinen Bauch.

Schulze kläfft den Sauger böse an. Aber was ist das? Tobi staunt.

Erst rattert das Ding einige Male, als hätte es einen gewaltigen

Schluckauf, dann spuckt die Maschine das Spielzeug plötzlich
schön geordnet aus den Löchern an seinem hinteren Ende wieder
aus. Genau auf den roten Teppich.

Legosteine auf einen, Bauklötzchen auf einen anderen Haufen, daneben alle Buntstifte,
einen Berg Puppenkleider
und einen Haufen, auf dem
nur Spielzeugautos liegen.

„Meine Mampf-Ratter-Spuck-Maschine. Kurz: Maraspuma",
erklärt Opa Tüftel stolz. „Genial, was?"

Tobi klatscht begeistert. „Echt spitze. Darf ich die Maraspuma
heute in den Kindergarten mitnehmen? Dann kann ich mit Mehmet
und Laura viel länger in der Bauecke spielen. Weil wir nicht aufräumen müssen. Ach bitte!"

Opa nickt und wirft einen Blick auf die Uhr. „Du liebe Zeit, wir
müssen uns beeilen, sonst kommen wir zu spät. Und dann ist Frau
Grübchen sauer! Schnell, Tobi. Und du, Nummer 3, räumst die
Werkstatt auf!"

Eine Überraschung für die Flohkiste

„Welche Erfindung hast du noch gemacht?", fragt Tobi unterwegs.

„Du hast doch von zwei Sachen gesprochen."

„Oh ja, die Maraspuma ist großartig, aber meine zweite Erfindung ist ein Meisterwerk! Ich habe Großes damit vor. Ach nee, vielleicht sollte ich lieber sagen, dass ich Kleines damit vorhabe."

Opa kichert. „Auf jeden Fall lache ich mich kringelig, wenn meine neue Erfindung klappt."

„Gefährlich ist sie aber nicht, oder?"

„So etwas erfinde ich doch nicht! Ich tüftle nur Sachen aus, die praktisch oder lustig sind oder …" Opa Tüftel zwinkert Tobi zu. „Du willst deinen alten

Opa wieder ausquetschen wie eine
Zitrone. Aber ich verrate
nichts. Geheimsache!"
Tobi nickt. Er weiß,
dass er das Geheimnis
spätestens beim gemüt-
lichen Mittagessen aus
ihm herauskitzeln kann.

Frau Grübchen, die Leiterin der Flohkiste, ist sehr beeindruckt, als
Opa Tüftel die Maraspuma in den Kindergarten schleppt.

„Mein lieber Herr Tüftel, das ist bestimmt wieder eine tolle Erfindung. Sie sind ein Genie. Die Tasse, die Sie für mich gebaut haben,
benutze ich jeden Tag!"

Opa hat für Frau Grübchen einen verrückten Kaffeebecher erfunden. Wenn sie heißen Kaffee einfüllt, dann spielt ein kleiner Leier-
kasten, der an der Tasse angebracht ist, Musik.
Nicht irgendeine Musik, sondern Frau
Grübchens Lieblingsmusik. Wegen dieser Kaffeetasse mag Frau Grübchen Opa
Tüftel besonders gern. Deshalb erlaubt sie
es auch, dass Tobi ab und zu allein zu Opa nach
Hause geht oder von Schulze abgeholt wird.

„Noch ein kleiner Hinweis", sagt Opa zu Frau Grübchen. „Die Maraspuma darf nicht zu oft an- und ausgeschaltet werden. Sonst läuft sie heiß."

„Natürlich." Frau Grübchen nickt. „Wie lange dürfen wir das gute Stück denn behalten?"

„Bis nächsten Donnerstag. Sie wissen doch, Donnerstag ist Opa-Tag. Auf Wiedersehen, Frau Grübchen. Tschüss, Tobi, bis später!"

 # Kleine grüne Pillen

Am Mittag läuft Tobi allein zu Opas Haus. Ganz schnell, weil er unbedingt mehr über die zweite Erfindung wissen will. Und natürlich weil er erzählen muss, wie toll die Mampf-Ratter-Spuck-Maschine im Kindergarten Ordnung gemacht hat.

Vor der Tür hüpft er aufgeregt von einem Bein aufs andere. Wieso dauert das so lange mit dem Schnüffeltest?

„Beeil dich, Schulze", brüllt Tobi durch die schmale Luke in der Tür. Endlich geht sie auf. Nummer 3 wartet schon und bringt Tobi in die Erfinderwerkstatt.

„Hallo Opa, viele Grüße von Frau Grübchen. Sie will die Maraspuma gar nicht mehr hergeben."

Opa Tüftel steht gerade an seiner Werkbank und füllt eine Handvoll kleiner grüner Pillen in ein Schraubglas.

„Sehen aus wie die bunten Schokobonbons, die Mama immer auf den Geburtstagskuchen streut." Tobi leckt sich die Lippen. „Kriege ich welche?"

„Um Himmels Willen, das sind keine Süßig-keiten. Das ist meine neueste Erfindung. So 'ne Art Brausepillen."

„Und wozu brauchst du sie?"

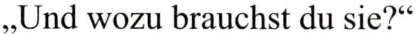

„Tobi, mein Junge, ich habe doch schon gesagt, dass ich das nicht verrate. Noch nicht. Also – Finger weg! Und jetzt lass uns erst mal Mittag essen."

Opa Tüftel will gerade abschließen, da fällt sein Blick auf Schulze. Der sitzt mitten auf dem roten Teppich und schnüffelt an einer kleinen Kackwurst, die er gerade gemacht hat.

„Schulze, du altes Ferkel!", ruft Opa und schaut sich die Bescherung an. Dann kratzt er sich verlegen am Kopf. „Tut mir leid, Schulze. Vor lauter Erfinden habe ich ganz vergessen, mit dir Gassi zu gehen. Aber musst du ausgerechnet auf den schönen Teppich machen? Nummer 3, schnell, hol mir bitte eine Rolle Küchenpapier. Ich besorge eine Mülltüte."

„So-fort", knarzt Nummer 3 und flitzt hinter Opa her.

Tobi krault Schulzes Kopf. „Weißt du, was Opa erfunden hat?"

„Wuff, wuff."

„Meinst du, ich soll mir die Pillen mal ansehen? Was denkst du, Schulze?"

Schulze wedelt heftig mit dem Schwanz. „Wuff!"

Na also, Schulze findet Tobis Idee auch prima.

Tobi rast zur Werkbank, schnappt sich das Glas mit den Pillen und schraubt es auf. Sein Herz klopft genauso laut wie die Kuckucksuhr, die über der Werkbank tickt.

„Buuuuh", schallt es plötzlich aus
der Uhr. In dem Loch, aus dem
normalerweise der Kuckuck schaut,
erscheint ein kleines Gespenst.
„Miiiittagszeiiiiit", wimmert es und verschwindet wieder.
Tobi erschrickt so heftig, dass ihm beinahe das
Schraubglas aus der Hand fällt. Zwei Pillen kullern
heraus. Tobi stopft sie schnell in seine Hosentasche.
Mit zitternden Händen schraubt er den Deckel auf
das Glas und stellt es zurück.

29

 # Eine kleine Schwindelei

Kaum sitzt Tobi wieder bei Schulze, kommt Opa Tüftel zurück.

„Puh, das war knapp", flüstert Tobi Schulze ins Ohr.

Opa nimmt die Kackwurst und rollt sie in einen Berg Küchenpapier ein. Dann wirft er das Ganze in die Mülltüte und schaut Tobi an.

„Was ist denn mit dir los, du bist ja ganz blass. Ist dir schlecht? Oder hast du auch etwas angestellt?"

Tobi wird rot vor Aufregung. Und weil er Opa Tüftel jetzt ein bisschen anschwindeln muss.

„Ich habe nur einen Schreck gekriegt. Wegen deiner Kuckucksuhr. Muss da unbedingt ein Gespenst

rauskommen? Mama sagt, dass andere Kuckucksuhren einfach nur
,Kuckuck' rufen.“

Opa verdreht die Augen. „Deine Mama ist in den letzten Jahren
viel zu brav geworden. Eine Kuckucksuhr, die ,Kuckuck' schreit,
ist doch langweilig! Ab und zu muss man auch mal was Verrücktes
machen, stimmt's, mein Junge?“

Tobi nickt heftig. Vorsichtig fasst er in seine Hosentasche und prüft
nach, ob die beiden Pillen noch da sind. Er hat das Gefühl, dass
Opa ihm an der Nasenspitze ansehen kann, dass er sie gemopst hat.
Aber der scheint nichts zu merken.

„Wir müssen dringend essen. Vielleicht bist du so blass, weil dein
Magen leer ist“, sagt er zu Tobi. „Alle Mann in die Küche!“

Als die dampfenden Nudeln vor ihm stehen, merkt Tobi erst, was
er für einen Hunger hat.

„Opa, kannst du mir jetzt sagen, wofür
die Pillen sind?“

„Na gut. Ich verrate
nur so viel: Sie
können etwas,
das vorher
groß war,
klein machen.“

Tobi hört aufgeregt zu. „Sind das etwa so was wie Schrumpf-pillen?"

Opa Tüftel schraubt mit der Hand an seinem Mund herum. So als würde er ihn mit einem Schlüssel abschließen.

Tobi kennt das schon. Jetzt braucht er nicht mehr weiterzufragen.

Jetzt ist Opas Mund abgesperrt. Verriegelt.

Am Nachmittag, als sie im Garten Fußball spielen, hat Tobi die
Pillen in seiner Hosentasche vergessen.

„Na, habt ihr einen schönen Tag gehabt?", fragt Papa, als Opa
Tobi nach Hause bringt.

„Willst du mit uns Abendbrot essen, Vater?", will Mama wissen.
Aber Opa schüttelt den Kopf. „Danke, keine Zeit. Muss noch
an meiner Erfindung arbeiten."

 Das geheimnisvolle Brausewasser

Mama hat schon den Tisch fürs Abendessen gedeckt. Zwei Gläser
für Papa und Mama stehen da, ein Becher mit Kakao für Tobi.
„Kann ich die Gläser haben?", fragt Tobi. „Ich will Brause machen."
„Klar", sagt Papa und schneidet Brot auf.
Tobi ist schon ganz aufgeregt. Er will unbedingt Opa Tüftels Pillen
ausprobieren. Viel passieren kann ja nicht, hat Opa gesagt. Und
dass die Pillen etwas Großes ein bisschen kleiner machen.

Tobi kichert. Vielleicht ist er dann so winzig wie eine Ameise. Dann könnte er mal gucken, wie alles von ganz unten aussieht.

Also los! Er holt eine Flasche Mineralwasser und  gießt die beiden Gläser voll. Dann fummelt er die Pillen aus seiner Hosentasche und lässt in jedes Glas eine fallen. Toll, wie das giftig grün schäumt! Noch besser als das Brausepulver, das er immer von Opa Tüftel geschenkt bekommt.

Bei so viel Gesprudel merkt Tobi, dass er ganz doll aufs Klo muss. Er rast ins Bad, pieselt schnell und rennt wieder zurück. Aber da stehen keine Gläser mehr.

„Wo ist das froschgrüne Wasser?", brüllt er.

„Die Brause?", fragt Mama.

Papa grinst. „Danke, die war lecker!"

Tobi beißt sich auf die Lippe. „Aber die war doch gar nicht für euch. Das war doch Opa Tüftels Erfi … also … ich meine … das war von Opa. Für mich."

Papa legt Tobi die Hand auf die Schulter. „Entschuldige, wir haben gedacht, dass du sie für uns hingestellt hast. Du bekommst doch so oft Brausepulver von Opa."

Tobi steht mit offenem Mund da. Au Backe, jetzt ist Opas Erfindung weg. Piff-Paff. Einfach ausgetrunken. Er schaut seine Eltern an. Was jetzt wohl mit ihnen passiert?

Beim Abendessen beobachtet Tobi seine Eltern genau, aber sie sind so wie immer. Oder doch nicht? Tobi überlegt. Hat Papa eigentlich schon immer so klein ausgesehen auf seinem Stuhl? Und warum trägt Mama einen so schlabberigen Pulli, der ihr viel zu groß ist? He, was macht Papa denn da? Tobi runzelt die Stirn. Auweia, der leckt seinen Teller ab. Wenn Mama das sieht, gibt's Ärger.

Aber Mama lacht und leckt ihren auch ab! So etwas machen die doch sonst nie.

„So, jetzt muss der kleine Tobi aber zicke-zacke schlafen", lacht Papa und wischt sich den Mund ab.

Mama hüpft von ihrem Stuhl und singt: „Heia popeia, jetzt geht es ins Bett. Und in dem Bett, da ist's wahnsinnig nett."

Tobi schüttelt den Kopf. Er ist noch gar nicht müde. Und außerdem will er unbedingt sehen, ob seine Eltern bald nur noch so groß wie Ameisen sind.

„Keine Widerrede", sagt Papa und hebt drohend den Zeigefinger. „Sonst fresse ich dich auf!"

„Und ich kitzle dich", kichert Mama. „Also geh besser schon mal Zähneputzen. Danach lesen wir zwei noch eine schön schläfrige Gute-Nacht-Geschichte."

Als sie Tobis Lieblingsgeschichtenbuch nach dem Vorlesen wieder ins Regal stellen will, muss sie sich ganz hoch auf ihre Zehenspitzen recken.

Aber das sieht Tobi schon nicht mehr.

Er schläft. Tief und fest.

Eine seltsame Verwandlung

Als Tobi am Morgen aufwacht, ist es mucksmäuschenstill in der Wohnung. Vorsichtig schlüpft er aus dem Bett und schleicht auf Zehenspitzen ins Schlafzimmer seiner Eltern. Merkwürdig, normalerweise schnarcht Papa wie ein Bär. Heute ist alles ruhig.

Und was ist das? Tobi kriecht ans Bett heran. Unter der Decke lugt ein kleiner Kinderfuß heraus. Wer liegt denn da bei Mama und Papa?

Mit einem kräftigen Ruck zieht Tobi die Decke weg – und traut seinen Augen kaum. Keine Mama und kein Papa liegen im Bett. Dafür schlafen dort ein Mädchen mit zerzausten roten Haaren und ein Junge mit Pausbacken, ungefähr so groß und so alt wie Tobi. Die beiden haben viel zu große Schlafanzüge an. Die Schlafanzüge von Tobis Eltern!

„Wer seid ihr denn?", flüstert Tobi.

Das Mädchen gähnt. „Ich will noch schlafen."

„Grrr", brummt der Junge und zieht sich
die Decke über den Kopf.

Tobi überlegt. Irgendwie kommen ihm
die zwei bekannt vor. Vor allem das
Mädchen. Wo hat er diese knallroten
Haare nur schon mal gesehen?

Tobis Blick fällt auf die Kommode. Hier hat seine Mama eine
ganze Menge gerahmter Fotos aufgestellt. Na klar!

Tobi nimmt ein Bild, das seine Mama als kleines Mädchen zeigt. Als kleines, freches Mädchen mit roten Zöpfen und Sommersprossen.
Tobi schaut das Foto an, dann das Mädchen
im Bett, dann wieder das Foto.

Schnell packt er ein anderes Bild. Es zeigt sei-
nen Papa mit Schultüte. Da war er ungefähr so alt wie Tobi heute.

Tobi nimmt das Foto in die eine Hand, mit der anderen zieht er dem
Jungen im Bett die Decke weg. Verrückt, der schlafende Junge sieht
aus wie Papa auf dem Foto!

„Au Backe", sagt Tobi und wuschelt sich aufgeregt durchs Haar.
Plötzlich ist ihm alles klar. Die Schrumpfpillen! Natürlich! Opas
Pillen haben seine Eltern geschrumpft.

Tobi hüpft ins Bett. „Mama, Papa, seid ihr das?"

Das Mädchen blinzelt durch die geschlossenen Augen. „Hä?"

„Lass mich schlafen", stöhnt der Junge und packt sich ein Kissen über den Kopf.

„Das geht nicht", sagt Tobi und rüttelt seine Eltern. „Ihr müsst sofort aufwachen. Es ist was passiert. Mit euch. Was ganz Verrücktes."

Verschlafen räkeln sich Tobis geschrumpfte Eltern und schauen sich überrascht an.

„Wer bist du?", fragt das Mädchen. „Und was machst du in meinem Bett?"

„Und du?", will der Junge von dem Mädchen wissen.

Tobi grinst.

„Hallo Mama, hallo Papa. Ihr glaubt bestimmt, dass ihr träumt.

Stimmt aber nicht, ihr seht echt so aus, hihi. Weil, ihr seid in der Nacht ganz klein geworden. Kinder, so wie ich."

Mama und Papa schauen ihre Hände an, staunen über ihre kleinen Füße und betasten vorsichtig ihr Gesicht. Mama springt aus dem Bett und dreht sich vor dem Spiegel hin und her.

„Hallo, kleine Tina, hallo!", ruft sie und winkt ihrem Spiegel- bild.

Papa hüpft im Bett auf und ab wie ein Gummi- ball und reimt: „Wir sind jetzt klein, das kann nicht sein."

„Doch!" Tobi nickt heftig.

„Opas Pillen haben euch geschrumpft.

Aber ich kann gar nichts dafür. Selber schuld, warum habt ihr gestern einfach mein grünes Brausewasser getrunken. Ohne zu fragen!" Er schaut seine Eltern streng an.

„Die Tina sieht witzig aus mit ihren Sommersprossen", sagt Papa und stupst Mama liebevoll auf die Nase.

„Du auch, Paul, du siehst aus wie Tobi." Mama grinst. „Ist ja wieder eine total verrückte Erfindung von Opa Tüftel!"

Papa überlegt. „Werden wir auch wieder groß?"

Tobi zuckt mit den Schultern. „Keine Ahnung. Das weiß nur Opa."

„Dann rufe ich den jetzt an und frag mal", sagt Mama und hüpft auf einem Bein durchs Zimmer.

„Äh, das kannst du nicht." Tobis Magen fühlt sich plötzlich an wie Brausepulver.

Papa lacht. „Klar kann sie das. Mama ist zwar kleiner geworden, aber telefonieren kann sie noch."

Tobi verdreht die Augen.

„Das meine ich doch nicht. Mama kann Opa nicht anrufen,

weil er nicht da ist. Er ist zum Erfindertreffen. Bis heute Nach-

mittag!"

Mama kratzt sich am Kopf. „Ach herrje. Und jetzt?"

„Jetzt frühstücken wir erst mal", sagt Papa.

„Und dann spielen wir zusammen", meint Tobi.

 # Kirschkernweitspucken

Papa trägt eine Decke auf den Balkon und breitet sie auf dem Boden aus. Dann stellt er die Gläser mit Müsli, Schalen und Trink-

becher darauf. Mama bringt noch eine große Schüssel mit Kirschen nach draußen. Keine leichte Arbeit für die kleine Mama, sie muss die Schüssel mit beiden Händen umfassen.

Jetzt hocken alle drei auf der Picknickdecke und knuspern Cornflakes.

„Picknick ist cool", sagt Papa.

„Das machen wir sonst nie", mault Tobi.

„Ist halt so", sagt Mama, „wenn man größer wird, dann wird man eben stinklangweilig."

„Superstinklangweilig", ergänzt Papa.

Mama prustet vor Lachen. „Superlangweilig und superstinkend."

„Ja, vor allem an den Füßen", ruft Papa.

Mama nickt. „Genau. Alle langweiligen Eltern kriegen Stinkfüße."

Tobi kann vor lauter Lachen nicht richtig essen. Die ganze Zeit verschluckt er sich an seinen Cornflakes.

„Als Nächstes machen wir Kirschkernweitspucken", schlägt Mama vor.

„Au ja, auf die Straße." Papa schiebt die Gartenbank an die Brüstung.

Mama hängt sich zwei Paar Kirschen über die Ohren. „Mein neuer Schmuck."

„Sehr schick", sagt Papa und zeigt seine kirschrote Zunge. „Buäh, ich bin ein Vampir und ich trinke nur Blut!"

Tobi tippt sich an die Stirn. Dann nimmt er eine Kirsche, kaut sie sorgfältig und spuckt den Kern in hohem Bogen vom Balkon.

Papa klatscht. „Spitze. Dreihundert Meter, mindestens."

„Jetzt ich!" Mama legt ihren Kopf in den Nacken und wirft ihn dann ruckartig nach vorne. Pflong – segelt der Kirschkern durch die Luft.

Papa steckt sich gleich zwei Kirschen auf einmal in den Mund und spuckt sie auf die Straße. Pfft – der eine Kirschkern landet im Vorgarten. Klong – der andere auf dem Kopf von Herrn Wüst, dem Nachbarn. Erstaunt schaut er nach oben, aber Tobi und seine Eltern ziehen schnell ihre Köpfe ein. Alle drei halten sich die Hände vor den Mund, weil sie so lachen müssen.

Tobi schnappt sich eine neue Kirsche. Er dreht seinen Kopf ein bisschen, um nicht wieder den Nachbarn zu treffen. Klong. Leider ist Herr Wüst ein paar Meter weiter spaziert, genau in die Spuckrichtung von Tobi. Auch dieser Kern landet direkt auf seinem Kopf. Die Kinder auf dem Balkon kichern, Herr Wüst schaut verwundert zum Himmel. „Verflixte Tauben", ruft er, setzt seinen Hut auf und läuft mit großen Schritten davon.

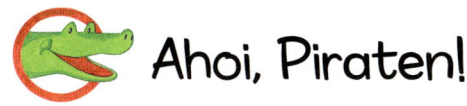 Ahoi, Piraten!

„Sollen wir Piraten spielen?",
fragt Tobi nach einer Weile.
Das ist Tobis Lieblingsspiel.
Schon oft hat er seine Eltern
gefragt, ob sie mitspielen.
Aber immer haben sie etwas
Wichtigeres vor. Zeitung lesen oder telefonieren oder Kuchen
backen oder entspannen.

„Ein erwachsener Mann steckt sich keinen Dolch in die Hose und
zieht auch keine Augenklappe an", sagt Papa immer.

„Für solche Kinderspielchen bin ich wirklich zu alt", sagt Mama.

Heute nicken beide und stürmen ins Wohnzimmer.

Gemeinsam schieben sie das Sofa in
die Mitte, das ist das Piratenboot.
Ein Nudelsieb aus der Küche
wird zum Steuerrad. Und
mit einem Geschirrtuch
und dem Besenstiel bastelt
Mama ein supertolles
Segel.

Tobi gräbt aus seiner Verkleidekiste alles, was
sie sonst noch fürs Piratenspielen brauchen: eine
Augenklappe, einen Dolch aus Plastik und ein
Holzschwert, ein Fernrohr, eine Piratenflagge und
ein T-Shirt mit Totenkopf drauf.
„Das T-Shirt will ich", schreit Papa und reißt es Tobi
aus der Hand. „Ich bin der Kapitän."
„Wieso du?", ruft Mama. „Du willst immer der Bestim-
mer sein. Aber heute bin ich Piratenkapitän. Und das
Fernrohr und den Dolch kriege ich."

Papa zeigt Mama einen Vogel. „Mädchen
können kein Piratenkapitän sein. Die können
höchstens … Köchin sein oder so."

„Du spinnst wohl", schnaubt Mama und piekst
Papa mit dem Holzschwert. Der haut ihr mit dem
Plastikdolch auf den Po.

Tobi seufzt. Na, so anstrengend hat er sich das nicht vorgestellt.

Dass sich Erwachsene immer streiten
müssen.

Laut sagt er: „Seid still. Ich bin der
Kapitän. Und ihr hört auf mein Kommando."

Seine Eltern nicken brav.

Tobi gibt Mama das T-Shirt, Papa bekommt die Piratenflagge.
Den Dolch und das Holzschwert legt er wieder in die Kiste. Dafür
sind seine Eltern noch zu klein. Die Augenklappe und das Fernrohr
behält er für sich.

„Alle Mann an Deck!", schreit Tobi.

Als sie endlich in See stechen, macht Tobis
Piratenbande alles, was der Kapitän ihnen
befiehlt.

„Schiff voraus! Das schnappen
wir uns, Piraten!"

Zweiundzwanzig Schiffe entern sie auf ihrer Reise, sie erbeuten so viele Schatzkisten, wie sie tragen können, dann laufen sie erschöpft wieder im Wohnzimmerhafen ein.

So glücklich war Tobi schon lange nicht mehr.

 # Hungerbäuche und Kratzpullover

Inzwischen ist es schon fast Mittagszeit. Papa rennt in die Küche.

„Ich hab Hunger!"

„Was gibt's zu essen?", fragt Mama.

Tobi schaut sie erstaunt an. „Du machst doch immer Mittagessen, Mama."

Mama stöhnt. „Ich bin keine Mama, ich bin ein Kind. Und Kinder machen kein Essen. Ich komme ja noch nicht mal an den Herd ran. Also!"

Papa hat sich einen Stuhl an den Kühlschrank geschoben und durchsucht eifrig die Vorräte. „Senf, saure Gurken, scharfe Salami, Stinkkäse, Bier. Bäh, wer mag denn so was?"

„Du!" Tobi runzelt die Stirn. „Ich will auch lieber Würstchen und Schokocreme und Pommes. Aber du magst so Sachen."

„Stellt euch mal vor, in der Kühltruhe ist lauter Spinat", beschwert sich Mama. „Und Gemüse."

Tobi nickt. „Ja klar, weil du immer sagst: Spinat und Gemüse ist gesund. Damit wirst du groß und stark."

Papa stampft mit seinem Fuß auf. „Ich will aber nicht groß und stark werden."

„Ich auch nicht. Ich will keinen Spinat, ich will Pommes", ruft Mama.

Tobi grinst. „In meinem Sparschwein ist Geld, da kaufen wir uns Pommes. Und dann gehen wir in meinen Kindergarten."

Papa und Mama führen einen Freudentanz auf.

„Aber erst was anziehen", sagt Tobi streng. „Im Schlafanzug könnt ihr nicht raus gehen. Los, mitkommen."

Aus seinem Kleiderschrank fischt Tobi schnell ein paar Klamotten. Er weiß genau, was seine Eltern anziehen sollen.

„Den gelben Pulli mag ich nicht", brummt Papa.

Tobi verschränkt die Arme vor der Brust.

„Den hast du mir gekauft, Papa. Sehr schick, hast du gesagt. Also zieh jetzt den super-schicken Pulli an!"

Seiner Mama hält er ein weißes Hemd hin.

„Da, Mama, das findest du doch so niedlich."

Widerwillig streift sie sich das Hemd über den Kopf. „Aua", faucht sie. „Das zwickt am Hals."

Tobi nickt. „Hab ich dir immer gesagt. Aber du hast das nie geglaubt. So, jetzt gehen wir."

Plötzlich fällt ihm etwas ein. Normalerweise darf er ja gar nicht allein zum Kindergarten laufen. Nur mit einem Erwachsenen, sagt Mama immer. Blöd. Jetzt ist gar kein Erwachsener da. Nur drei Kinder.

„Wir können nicht gehen", erklärt er seinen Eltern.

Papa zieht eine Grimasse. „Häh, wieso denn nicht?"

„Weil ihr immer sagt, dass ich noch zu klein bin, um alleine in den Kindergarten zu gehen. Nur in Begleitung Erwachsener, sagt ihr immer!"

„Quatsch mit Soße", meint Mama. „Los jetzt."
Unterwegs kaufen sie an der Wurstbude beim Hallenbad noch eine Portion Pommes für jeden. Dann geht es weiter zum Kindergarten.

„Ist gar nicht weit. Und der Weg ist superleicht", ruft Papa vor
der Flohkiste.

„Kann ja wohl jedes Baby", trällert Mama.

Das sage ich dir mal, wenn du wieder groß bist, denkt Tobi und
klingelt.

Chaos im Kindergarten

Frau Grübchen ist nicht besonders erfreut, dass Tobi zwei fremde Kinder in die Flohkiste mitbringt.

„Das sind meine Cousine und mein Cousin", schwindelt Tobi.

„Es ist ein Notfall! Unsere Familie hat eine grässliche Krankheit. Ganz doll ansteckend. Nur wir sind gesund. Und Opa Tüftel!" Tobi schmachtet Frau Grübchen an. Ihr Herz wird butterweich. Seine Eltern können bleiben.

Eine Weile spielt Papa sehr schön mit Fabian in der Bauecke. Tobi wundert sich, denn Fabian ist der Junge, wegen dem Tobi seine Kroko-Pullover trägt. Mama backt im Sandkasten Kuchen mit Tobis Freundin Jule.

Kaum ist Tobi kurz in der Küche verschwunden, um sich von Frau Grübchen einen Apfel schälen zu lassen, da passiert es.

„Gib mir den großen Stein, sonst kann ich mein Haus nicht fertig bauen", brüllt Fabian.

„Du hast schon drei große Steine, der gehört …" Ohne die Antwort von Papa abzuwarten, haut Fabian ihm einen Baustein auf den Kopf. Papa ist so überrascht, dass er zu Boden fällt.

Die Gelegenheit nutzt Fabian, um mit einem Fußtritt die ganze Stadt plattzumachen, die Papa gebaut hat.

„Du Blödmann", heult Papa vor Wut und stürzt sich auf Fabian. Inzwischen ist Mama aus dem Garten herbeigelaufen, um Papa zu helfen. Hinter einem Vorhang entdeckt sie die Maraspuma, Opa Tüftels verrückten Sauger. Mama steckt das Kabel ein, schaltet das Gerät an und saugt alle Häuser und Straßen und Autos von Fabian ein.

Fabian tobt. Immer wieder schaltet er den Sauger aus, Mama schaltet ihn wieder an. Sauger aus, Sauger an, Sauger aus …

Als Frau Grübchen dazukommt, raucht die Maraspuma wie eine Dampflokomotive.

„Was ist denn hier los? Um Himmels Willen!", ruft sie, aber da ist es schon passiert: Die Maraspuma ist heiß gelaufen. Jetzt schießt sie das Spielzeug durch den Kindergarten wie eine Kanone.

Zong, Peng, Fatz. Die Bauklötzchen landen in der Puppenecke, auf den Bücherregalen, in den Gardinen.

Als Tobi ins Zimmer kommt, zischt der Sauger nur noch müde vor sich hin. Seine Eltern haben sich unter einem Tisch versteckt, Frau Grübchen fächelt sich mit einem Bilderbuch Luft zu.

„Tobi", schnaubt sie, „ich rufe jetzt sofort Opa Tüftel an!"

Eine seltsame Krankheit

Als Opa Tüftel in den Kindergarten kommt, erkennt er mit einem Blick, was mit seiner Maraspuma geschehen ist.

„Frau Grübchen, wie konnte es passieren, dass meine Erfindung heiß läuft? Ich hatte doch gesagt, dass der Sauger nicht ständig an- und ausgeschaltet werden darf."

Frau Grübchen seufzt. „Das hätten Sie mal Ihren Enkelkindern sagen sollen!"

Opa schaut Tobi an. „Du warst das?"

Tobi schüttelt den Kopf und flüstert Opa ins Ohr: „Ich nicht, sondern Mama und Papa."

„Mama und Papa?", fragt Opa ungläubig und sieht sich in der Flohkiste um. „Wo sind sie denn?"

Tobi deutet unter den Tisch. „Da!"

Opa Tüftel bückt sich. „Ach du liebe Zeit", ruft er und rauft sich die Haare. „Die zwei kenne ich doch! Tina, komm sofort da raus! Du auch, Paul!"

Tobi würde sich jetzt am liebsten in einem Mauseloch verstecken.

„Tobi", fragt Opa streng, „hast du mir etwa ein paar von meinen Pillen gemopst? Und ihnen gegeben?"

Tobi nickt. „Es war aber nicht extra, sondern ganz aus Versehen, wirklich." Er fühlt sich grässlich. „Du Opa, werden die auch wieder groß? So wie vorher?"

Jetzt muss Opa Tüftel lachen. „Riesiges Opa-Ehrenwort. Ich habe doch gesagt, dass ich nur Sachen austüftle, die praktisch oder lustig sind. Und, was ist? Habt ihr Spaß gehabt?"

Tobi überlegt. Lustig war es schon, aber den ganzen Tag wären ihm die viel zu anstrengend. Mannometer, die beiden sind ja noch wilder als er.

„Ich glaube, ich hätte lieber den großen Papa und die echte Mama wieder", wispert er Opa ins Ohr.

Der schaut von Tobi zu seinen Eltern. Dann wieder zu Tobi.

„Eigentlich wollte ich mit den Schrumpfpillen nur ausprobieren, ob die riesigen Tannen hinter meinem Haus ein bisschen kleiner werden. Sie nehmen mir nämlich das ganze Licht weg."

Opa schlägt sich auf die Schenkel und schmunzelt. „Dass du die Pillen ausgerechnet deinen Eltern gegeben hast, Tobi, das ist ja wirklich spaßig. Ich könnte mich totlachen!"

„Herr Tüftel, ich verstehe kein Wort", stöhnt Frau Grübchen.

„Wer hat Pillen bekommen? Und wo sind Tobis Eltern? Sind denn alle in Ihrer Familie krank?"

„Ja, einige haben gerade eine sehr seltsame Krankheit. Aber nichts Ansteckendes. Ich nehme die Kinder gleich mit nach Hause. Und die Maraspuma repariere ich natürlich. Aber vorher wird aufgeräumt. Tina, Paul, Tobi! Strafe muss sein. Und wir zwei, liebe Frau Grübchen, wir trinken in der Zwischenzeit ein feines Tässchen Kaffee."

 # Die Rückverwandlung

Missmutig krabbeln Tobis Eltern unter dem Tisch hervor. Papa setzt sich auf den Boden, verschränkt die Arme und schmollt.

„Ich gehe draußen noch mal rutschen. Nur noch einmal", ruft Mama und verschwindet im Garten.

Tobi holt aus der Bauecke eine große Kiste für die Klötzchen und einen Korb für die Spielzeugautos. Fabian, Jule und die anderen Kindergartenkinder stellen sich im Kreis um Tobi und seinen Papa und gucken ihnen beim Aufräumen zu.

„Schneller!", brüllt Fabian und klatscht in die Hände. „Zack, zack!"

„Ich gebe dir gleich zack, zack", meint Papa und baut sich vor Fabian auf.

„He, wieso bist du auf einmal so groß?!", schreit Fabian und weicht ein paar Schritte zurück.

Jetzt bemerkt Tobi erst, dass sein Papa gar kein Kindergartenkind mehr ist. Er sieht plötzlich aus wie einer von den Jugendlichen, die immer mit ihren Mopeds vor dem Hallenbad hin und her fahren.

„Ist ja krass", ruft Mama und stürmt ins Zimmer. „Wieso passe ich mit meinem Po plötzlich nicht mehr auf die Rutsche?"

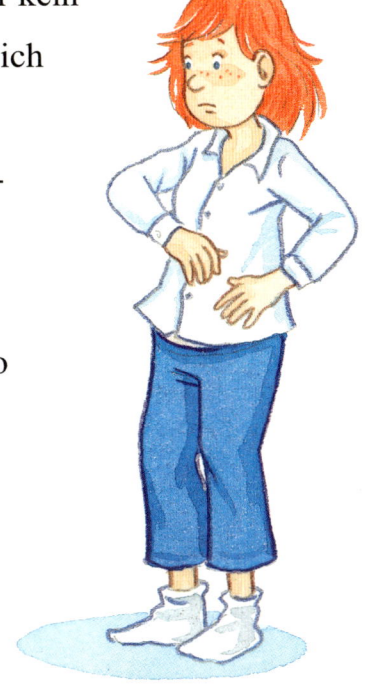

Tobi und die Kindergartenkinder starren Tobis Mama mit offenen Mündern an. Ihre Kleider sind auf einmal viel zu klein. Das Hemd sieht aus, als wäre es in der Waschmaschine eingelaufen, die Hose reicht nur noch bis zu den Waden.

„Sie sieht aus wie meine große Schwester", findet Jule. „Ist ja lustig, die war doch vorhin noch ganz klein."

Tobi wird plötzlich ganz heiß. Wenn Frau Grübchen die beiden sieht, wird sie sich sehr wundern und bestimmt viele Fragen stellen.

„Tina, Paul. Ihr räumt schnell fertig auf und verschwindet dann nach draußen. Ich hole Opa."

„Pah, keine Lust. Würde dir so passen", mault Papa.

„Faulsocke", beschwert sich Mama.

Tobi stemmt die Hände in die Hüften. „Ihr macht jetzt sofort, was ich sage. Schaut euch mal an, die Pillen wirken gleich nicht mehr. Und dann gibt es Riesenärger!"

„Tobi hat recht", sagt Papa. „Wir müssen machen, dass wir hier wegkommen."

Der beste Erfinder der Welt

Was für ein Glück, dass Opa dieses Mal mit seinem Auto gekommen ist. Als Tobis Eltern auf die Rückbank krabbeln, passen sie noch gut neben die Maraspuma. Aber als sich Tobi bei Opas Haus nach hinten umdreht – er durfte nämlich ausnahmsweise mit Schulze vorne sitzen – kriegt er den Mund vor Staunen nicht mehr zu.

„Mama, Papa, ihr seid ja wieder groß!"

„Allerdings", schimpft Papa. „Mach sofort die Tür auf. Diese dämliche Kindersicherung!"

„Puh, ich kriege keine Luft mehr", schnaubt Mama. „Ich sitze neben diesem Sauger eingequetscht wie eine Sardine in der Büchse." Opa und Tobi steigen aus und zwinkern sich zu.

„Wer schimpft, bleibt drin sitzen, bis er schwarz wird", sagt Opa.

„Tobi Tüftel, hier kannst du es wieder mal erleben: Die meisten Eltern sind schlecht erzogen."

„Stimmt, Opa. Ich muss da in Zukunft viel strenger sein."

Opa hebt warnend den Zeigefinger. „Tina, Paul, habt ihr denn als Kinder nichts gelernt?"

Tobis Eltern nicken schuldbewusst.

„Doch", flüstert Mama. „Bitte, lasst mich aussteigen. Ich will auch ganz brav sein."

„Und wir schimpfen nur noch ganz selten, großes Piraten-Ehren-
wort", sagt Papa.

Tobi grinst zufrieden. „Außerdem will ich, dass ihr öfter mit mir
spielt. Und ich will nicht immer den doofen Spinat essen. Den gelben Pulli und das weiße Hemd mag ich auch nicht mehr anziehen.
Versprochen?"

Tobis Eltern nicken wieder. Opa öffnet die hinteren Türen. „Na los,
dann kommt mal alle rein in meine gute Stube", schlägt er vor und
legt seine Hand für den Schnüffel-Erkennungstest in die Luke.

„Opa, das geht doch nicht", sagt Tobi. „Schulze ist doch hier, er kann dich nicht erkennen."

„Ach so. Na, dann muss ich heute mal den Schlüssel nehmen. Ach du liebe Güte, wo habe ich den nur hingetan?"

Tobi und seine Eltern verdrehen die Augen.

„Schulze, sag Nummer 3 Bescheid", sagt Tobi und streichelt dem Hund übers Fell. Schulze bellt einmal kräftig, dann geht die Tür auf.

„Gu-ten Tag, O-pa Tüf-tel, To-bi und al-le an-de-ren", knarzt Nummer 3 und wedelt mit einem Schlüsselbund. „Ich ha-be den Haus-tür-schlüs-sel ge-fun-den. Hier, bit-te."

Opa Tüftel läuft rot an. „Danke dir, Nummer 3, was würde ich nur ohne dich machen!"

„Jetzt habe ich Hunger", meint Tobi.

„Na, dann passt meine neue Erfindung ja wunderbar."

„Nicht schon wieder eine Erfindung", stöhnt Mama. Papa seufzt.

Opa Tüftel zieht sie hinter sich her in die Erfinderwerkstatt. „Meine neueste Erfindung ist wirklich klasse. Ich habe sie aus den Schätzen gebaut, die du mir mitgebracht hast, Tobi Tüftel. Aus der Hundeleine, dem verrosteten Nagel, der kleinen Astgabel und der Feder." Tobi staunt. „Wow! Und was ist es?"

„Eine Schokokuss-Schleuder", freut sich Opa. „Na, wer will zuerst?"

„Ich!", ruft Tobi. „Opa, du bist wirklich der beste Erfinder auf der ganzen Welt. Ich bin schon gespannt, was du dir als Nächstes ausdenkst!"

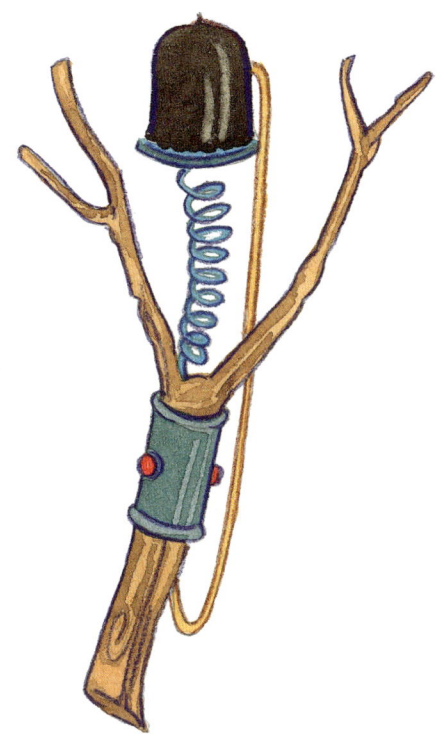